# PAR PROCURATION

## COMÉDIE EN UN ACTE

Représentée pour a première fois à Compiègne, au théâtre du CHATEAU, le 25 février 1881; et pour la première fois, à Paris, au théâtre de la PORTE-SAINT-MARTIN, le 13 mars 1881.

Imprimerie générale de Châtillon-sur-Seine. — Jeanne Robert.

# PAR
# PROCURATION

COMÉDIE EN UN ACTE

PAR



M. BERTOL-GRAIVIL

PARIS
TRESSE, ÉDITEUR
8, 9, 10, 11, GALERIE DU THÉATRE-FRANÇAIS
PALAIS-ROYAL

1882

## PERSONNAGES

LUI. . . . . M. Coquelin cadet, sociétaire de la Comédie-Française.

ELLE. . . . { Mlle Bianca, de la Comédie-Française.<br>Mlle Hortense Damain, du Vaudeville.

---

# PAR PROCURATION

*A COQUELIN cadet.*

La scène représente la salle d'attente des premières classes de la ligne de Saint-Germain. — Gare Saint-Lazare. — Il est minuit.

## SCÈNE I

LUI, entrant en scène, essoufflé, pardessus sur le bras, en habit et cravaté de blanc; il tient un journal à la main.

Enfin!... je l'ai, mon billet, je suis essoufflé... J'ai couru, j'ai bousculé du monde, je savais bien que j'étais en avance, mais c'était nécessaire... il faut toujours courir quand on va prendre le chemin de fer... ça vous met en train. (Se fouillant.) Mon journal, où est?... Ah! le voilà! (Lisant.) « Baronne Azur des Mantelés à Géant des Cœurs... » Géant des cœurs, c'est moi. « Ce soir, train des théâtres, Saint-Germain, tenue de soirée, journal à la main, B. A. D. M. » Baronne Azur des Mantelés. (Pliant son journal.) Bien utile le journalisme!

Saint-Germain! Qu'y vais-je faire dans ce costume?... Sais pas, absolument pas... M'en inquiète nullement... Quand je ne sais pas ce que je fais, je suis toujours sûr de ne pas me tromper. C'est idiot, mais c'est comme ça. (Regardant l'heure à sa montre.) Minuit vingt. Elle va venir... Elle! qui elle? La baronne, peut-être, ou une autre femme, je ne puis pas le dire, puisque je l'ignore. (S'asseyant.) Ah! c'est que j'ai un frère, un jeune frère — une heure de moins que moi — et je lui cherche une épouse. Voilà trois ans qu'il est avec mademoiselle Henriette, une jeune fille charmante, je crois, je ne la connais pas, il me l'a présentée un soir de brouillard. Mon frère voulait l'épouser... Jamais! ce n'eût point été logique, elle est fille d'un Turc, devoir des obligations à un Turc, quand ce sont eux qui nous en doivent! Je me suis donc — je dis je, puisque mon frère n'agit que par moi, je me marie par procuration, — je me suis fait mettre un avis dans les journaux : « Géant des Cœurs demande, etc... » et ce matin ce journal portait : « Baronne Azur des Mantelés, etc... » Je l'ai déjà lu. (Regardant sa montre.) Minuit et demi, le train va partir. (Il regarde dans la coulisse.) Une personne qui court, serait-ce?... Non!... La baronne retarde... (Se promenant fiévreusement.) Oh! une femme, une femme pour Charles, c'est le nom de mon frère, moi, je m'appelle Anatole, prénom irrésistible, lorsque je dis à une femme je me nomme Anatole... ça y est! Mais songeons au mariage de mon frère! Ah! il me semble... (Regardant dans la coulisse.) Oui... une femme qui cherche... C'est elle... Attention... il y va de l'avenir de Charles.

## SCÈNE II

ELLE, LUI.

ELLE, tenue de soirée, entre en scene cherchant de tous les côtés. Elle a un journal à la main.

J'arrive à temps. Il est là. Ma sœur Henriette ne voulait pas me laisser venir à sa place. Ah! il demande aux journaux une femme pour se marier et pour quitter ma sœur, nous allons voir.

LUI, la regardant.

Le journal à la main... c'est elle! Belle, très belle... mais j'ai vu cette figure-là quelque part... (Cherchant.)

Hein!... Oui! (Croyant avoir trouvé.) Oui, oui, oui, oui, oui... (Brusquement.) Non!... Et, pourtant, si, parbleu... Brouillard, en effet... c'est Henriette, fille du Turc... Tiens, tiens, tiens, tiens... aurait-elle eu vent de la chose! Ah! mais on ne me joue pas, moi. Pauvre Charles, tu as de la chance que je me charge de tes affaires. Soyons plus fin qu'elle. C'est un soir que je l'ai vue, elle ne me reconnaîtra pas.

ELLE, à part.

Vite, parlons-lui, Henriette m'attend!

LUI, allant à elle.

Pardon, Madame.

ELLE, surprise.

Ah!

LUI.

Excusez-moi!

Montrant son journal.

ELLE, montrant aussi son journal.

Oui, Monsieur!

LUI, même jeu.

Alors...

ELLE, même jeu.

En effet...

LUI.

Quoi?

ELLE.

Assez!

LUI, à part.

Conversation charmante, la langue universelle.

ELLE.

Vous dites?

LUI.

Que vous arrivez à temps. (*A part.*) Elle est charmante, Henriette !

ELLE, *s'asseyant.*

Ah! j'arrive à temps!

LUI, *à part.*

Elle s'asseoit! (*Haut.*) Mais le train.

ELLE.

Quoi! le train.

LUI, *abruti.*

Le train.

ELLE, *énervée.*

Eh bien?

LUI.

Il va partir.

ELLE.

Voulez-vous l'empêcher?

LUI.

Pas aujourd'hui.

ELLE.

Eh bien! qu'est-ce que cela nous fait?

LUI, *ahuri.*

Hein?

ELLE.

Je viens d'une soirée.

LUI.

Ah!

ELLE.

Nous allons y retourner.

LUI.

Oh!

ELLE.

Mais avant il faut que je vous parle de diverses affaires.

LUI.

Dans le train?

ELLE.

Nous ne le prenons pas.

LUI.

Nous ne... Mais...

ELLE, appuyant sur chaque mot.

Nous ne le prenons pas.

LUI.

Ah! Hein! Oh! oui!...

ELLE.

Écoutez.

LUI.

Mais avant...

ELLE.

Silence. Vous savez qui je suis?

LUI.

Oui... Oh! non, non et je...

ELLE.

C'est suffisant.

LUI.

Alors...

ELLE.

Mais pourtant...

LUI.

Parlez.

ELLE.

Non, vous le saurez plus tard.

LUI.

Merci, je suis renseigné. Maintenant que nous n'avons pas fait connaissance, nous allons pouvoir causer.

Il s'assied.

ELLE.

A nous deux, monsieur Charles.

LUI.

A nous deux, mademoiselle Henriette.

ELLE.

Vous cherchez une épouse?

LUI, à part.

Pourquoi Henriette prend-elle la place de la baronne Azur des Mantelés. (Haut.) Mon Dieu!...

ELLE.

Je le sais, vous cherchez une épouse.

LUI, à part.

Je l'embrasserai bien par procuration.

ELLE.

Eh bien! j'en ai une à vous proposer et je vous la présenterai dans un quart d'heure.

LUI.

Les affaires ne traînent pas avec vous.

ELLE.

Mais avant il faut que vous me fassiez un aveu complet.

LUI.

Allez-y, baronne, allez-y.

ELLE.

Avez-vous jamais connu une femme qui vous aimait?

LUI, navré.

Ah! baronne, regardez-moi donc bien.

ELLE.

Non, n'est-ce pas?

LUI, furieux.

Mais si, au contraire... J'ai donc une tête...

ELLE.

Calmez-vous, vous en avez connu, une...

LUI.

Oui, une... à la fois.

ELLE.

Très jolie...

LUI, avec un ton de doute.

Très jolie, très jolie...

ELLE, affirmativement.

Très jolie!

LUI.

C'est vrai, puisque je l'ai choisie. (A part.) Décidément, elle me plaît, Henriette, elle me plaît.

ELLE.

Quelles raisons vous forcent à la quitter?

LUI.

Oh! mille raisons.

ELLE.

Lesquelles?

LUI.

Oh! chère baronne, ce serait trop long.

ELLE.

Enfin, donnez-m'en une... mais une indubitable...

LUI.

C'est facile... voilà... (A part.) Elle va se reconnaître. (Haut.) Voilà trois ans que je suis avec elle... De 1877 à 1880, cela fait trois années...

ELLE.

Je crois. Eh bien! (A part.) Mon épreuve commence. (Haut.) Puisque vous cherchez une femme, épousez-moi!

LUI, bondissant.

Hein!

ELLE.

Vous êtes surpris!

LUI, surpris.

Non, non, mais... (A part.) Comment, elle veut se marier, et pas avec mon frère...

ELLE.

Enfin, m'expliquerez-vous?... Vous fais-je peur?

LUI.

Parfaitement... c'est-à-dire non, oui! (A part.) Je dois avoir l'air idiot.

ELLE.

Monsieur, votre conduite m'offense gravement.

LUI.

Madame... en effet! (A lui-même.) Remets-toi donc, imbécile, remets-toi donc!

ELLE.

Vous vous conduisez comme le dernier des hommes.

LUI.

L'avant-dernier, baronne, l'avant-dernier. (A part.) Elle est ravissante, et si ce n'était pas les trois ans... Après tout, mon frère...

ELLE, à part.

Le coup a porté, il hésite, charmant garçon, je me repens presque...

LUI, à part.

Tant pis, un, deux, trois, ça y est! (Il se jette à ses genoux.) Vous êtes un ange et je vous aime!

ELLE.

Monsieur...

LUI, lui prenant les mains et, pour ne pas les lâcher, se traînant à genoux par terre.

Oui, je vous aime, et je ne vous dis pas cela parce que nous sommes dans la salle d'attente des premières classes de la ligne de Saint-Germain, non... je vous aime, parce que je vous aime, voilà tout!

ELLE, à part.

A présent qu'il est compromis, je puis parler à mon aise.

LUI, à part, se relevant.

Tant pis, mon vieux Charles, elle est charmante, trop charmante, Henriette, et puis j'ai ta procuration.

ELLE.

Eh bien! monsieur Charles, apprenez...

LUI, à part.

Hein! Charles, elle me prend pour Charles... réparons cette erreur... Attention, quand je dis mon petit nom, les femmes m'aiment subitement. (Haut.) Etre divin! oui je veux bien t'épouser! (A part.) Vous allez voir! (Haut.) Mais je ne suis pas Charles, je suis son frère Anatole.

ELLE.

Monsieur, c'est indigne!

LUI, à part.

Quoi! mon effet ne rate pourtant jamais... (Haut.) Totole, Totole, le beau Totole.

ELLE.

Totole tant que vous voudrez, vous avez surpris ma confiance, Monsieur, en venant à la place de votre frère.

LUI.

Mais...

ELLE.

Assez, Monsieur...

LUI.

J'avais...

ELLE.

Je pars!

LUI.

Sa...

ELLE.

Adieu!...

LUI.

Procuration, sa procuration.

ELLE.

Monsieur, adieu!

Elle sort vivement et lui ferme la porte sur le nez.

## SCÈNE III

LUI, seul.

Elle n'attend pas que je la reconduise... (Ébahi.) Ah! (Se grattant la tête.) J'ai peut-être été trop loin! Mais je croyais avoir affaire à Henriette. Je ne pouvais deviner... c'est désagréable... Enfin, ce n'est qu'une erreur... tout le monde n'en est pas exempt... il n'y a que les gens qui n'en font pas qui n'en commettent jamais... Et puis, c'est peut-être une bonne affaire. J'allais l'aimer... J'aime comme ça tout de suite... Je vois une femme belle, pan! ça y est! Je l'aurais épousée... Épouser! Famille, famille de plus, seconde famille, la sienne, la mienne, ça fait bien des familles... J'aurais peut-être eu un beau-père pianiste, un beau-frère artilleur, une belle-sœur qui vote, une belle-mère qui tue... Non, non. J'aurais passé des nuits sans ouvrir l'œil. J'aurais pu avoir des enfants infirmes, une fille bossue et un fils cul-de-jatte... Oui, décidément, je crois que c'est une bonne affaire. Cependant, j'aurais désiré savoir pourquoi... Bah! une femme jolie ça se retrouve... je vais me coucher!...

Il se dirige vers la porte.

## SCÈNE IV

LUI, ELLE.

ELLE, entrant précipitamment.

Quelle heure est-il?

LUI, surpris.

Quelle heure... (Il regarde sa montre.) Deux heures moins dix minutes.

ELLE, étonnée.

Deux heures!

LUI.

Oh! le train de Saint-Germain doit être parti.

ELLE, réfléchissant.

Deux heures!...

LUI.

Mais en nous dépêchant nous pourrons peut-être...

ELLE, énervée.

Vous me fatiguez.

LUI.

Charmante femme!

ELLE.

Vous ne vous figurez pas que je reviens ici pour vous voir?

LUI.

Mon Dieu, cela ne m'eût point étonné.

ELLE.

Fat!

LUI.

Pour me voir, il y a des femmes qui sont venues de plus loin.

ELLE.

Et qui sont reparties encore plus loin.

LUI.

Oui, mais subjuguées!

ELLE.

Quelle confiance en vous!

LUI.

Elle n'est point au-dessus de mes forces.

ELLE.

Je suis revenue parce que la salle des Pas-Perdus était fermée.

LUI.

Fermée!

ELLE.

Et que cette salle d'attente était la seule qui fût éclairée.

LUI.

Puisque j'y suis.

ELLE, *s'asseyant dans un fauteuil.*

Approchez-moi cet autre fauteuil que je puisse attendre le jour sans fatigue.

LUI, *approchant un peu le fauteuil.*

Voilà, baronne!

ELLE.

Plus près!

*Il approche le fauteuil, elle met ses pieds dessus.*

## SCÈNE QUATRIÈME

LUI, *dans un élan de lyrisme.*

Ce n'est point un fauteuil qu'il faudrait à vos pieds... ce serait, ô mon ciel!...

ELLE.

Assez!

LUI.

Je n'en sais pas plus long.

ELLE.

Je veux me reposer.

LUI.

Moi aussi. Quelle drôle de nuit! Bonsoir, Madame. (*Il s'étend sur deux chaises. — Se tournant et se retournant.*) Je suis vraiment mal. Saint Laurent a dû bien souffrir, d'être ainsi retourné. Oh! j'ai les reins défon... oh!... cés!... oh!...

ELLE.

Suis-je mieux que vous?

LUI, *furieux.*

Vous, vous, c'est pour votre plaisir... Oh!

ELLE.

Mon plaisir!

LUI, *souffrant.*

Parbleu, est-ce moi... Ahi!... qui vous ai donné rendez-vous dans... Oh!... la salle d'attente des... es... es... premières classes de la ligne de... Ahi!... Saint-Germain.

ELLE.

J'étais en soirée, rue de Rome, où vouliez-vous que je vous donnasse rendez-vous? (*Silence.*) Sans doute à la buvette. Cela eût fait votre bonheur!

LUI.

Peut-être!... Et puis quelle idée... Oh! une côte!... Quelle idée... me faire prendre un billet pour Saint-Germain... J'aurais aussi bien pu n'en prendre un que pour Asnières.

ELLE.

Vous eussiez économisé deux francs.

LUI.

Au moins!

ELLE.

Me les reprochez-vous?

LUI.

Je ne vous les reproche pas... mais je les regrette... pour le résultat obtenu, certes...

ELLE.

Est-ce ma faute?

LUI, se retournant.

Oh! ce qu'on aurait pu faire de femmes avec les côtes que je m'enfonce!

ELLE.

Si vous ne m'aviez aussi indignement jouée.

LUI.

Oh! (Se levant.) J'y renonce! Assez! pour aujourd'hui. En somme, il n'y a rien de perdu pour vous. J'avais la procuration de mon frère Charles, vous croyiez avoir affaire à lui, c'est absolument la même chose, vous êtes trop charmante pour que je vous refuse ce que vous désirez. Vous le recherchez, prenez-le.

ELLE.

Pourquoi faire... comme époux?

LUI.

Sans doute!

ELLE.

Il s'agit bien de moi!

LUI.

Je ne comprends plus!

ELLE.

Je voulais voir votre frère pour lui faire épouser ma sœur.

LUI, illuminé.

Mais alors...

ELLE.

Quoi?

LUI.

Vous?

ELLE.

Moi... je suis libre.

LUI.

Libre! libre! libre! Alors, vous veniez ici...

ELLE.

Pour ma sœur.

LUI.

Par procuration.

ELLE.

Quel mal y voyez-vous?

LUI, se drapant dans son habit.

Que vous m'avez indignement trompé... que votre conduite, Madame, est inqualifiable, que... que... que je m'en vais... Non, la salle des Pas-Perdus est fermée.

ELLE.

Ma conduite n'est pas plus répréhensible que la vôtre...

LUI.

Mais elle l'est autant... Je suis, je suis... (Changeant de physionomie.) Je suis amoureux de vous.

ELLE.

Monsieur!

LUI.

Appelez-moi Anatole!... Vous pouvez donc encore m'épouser?

ELLE.

Je ne songe pas à vous.

LUI.

Mais moi, au contraire, je ne songe qu'à vous, à vous seule!...

ELLE.

Enfin! Monsieur...

LUI.

Appelez-moi Anatole. Mon frère Charles, qui fait tout ce que je veux, épousera mademoiselle votre sœur.

ELLE.

Vous me le promettez?

LUI, se levant.

Je le jure sur votre tête.

ELLE.

Jurez-le sur la vôtre!

LUI.

On jure toujours sur ce que l'on a de plus sacré.

ELLE.

Alors, je vous pardonne.

LUI.

Moi aussi. Aurez-vous à présent la cruauté de repousser un cœur qui brûle... qui... (Cherchant.) Oui, j'ai bien dit, qui brûle pour vous?

ELLE.

La preuve, Monsieur.

LUI.

Mais appelez-moi donc Anatole. La preuve, la preuve, mais plongez dans mon âme... lisez dans la bibliothèque de mes désirs... Pour vous, je n'hésite pas à fouler aux pieds les plus chères affections de mon frère.

ELLE.

Cœur magnanime!

LUI.

Oui, magnanime n'est pas de trop, car enfin cette pauvre Henriette...

ELLE.

Eh bien! Henriette...

LUI.

Sacrifice terrible!

ELLE.

Il n'y a aucun sacrifice, Henriette est ma sœur.

LUI.

Comment?

ELLE.

Vous ignoriez ..

LUI.

Je...

Bruit de pas dans la coulisse.

ELLE.

Regardez qui fait ce bruit.

LUI, regardant dans la coulisse.

La ronde de nuit.

ELLE.

Nous allons en profiter pour retourner dans cette soirée où tout le monde doit être parti.

LUI, lui barrant la porte avec ses deux bras étendus.

Pas avant que vous m'ayez expliqué...

ELLE, *lui prend la main et le ramène sur le devant de la scene.*

Henriette est ma sœur jumelle.

LUI.

Jumelle! jumelle! et moi qui suis opticien. — Alors, puisque je fais le bonheur de votre sœur... faites le mien!

ELLE.

Vous m'aimez?

LUI, *prenant son pardessus et son chapeau.*

Ne le voyez-vous pas?

ELLE.

C'est convenu... je vous épouse!

LUI.

Mais pourtant à une condition...

ELLE.

Déjà! et laquelle?

LUI.

C'est que ce ne sera pas par procuration!



FIN

IMPRIMERIE GÉNÉRALE DE CHATILLON-SUR-SEINE, JEANNE ROBERT

www.ingramcontent.com/pod-product-compliance
Ingram Content Group UK Ltd.
Pitfield, Milton Keynes, MK11 3LW, UK
UKHW020234180726
13838UKWH00005B/2382